KAIKKI KOIRAT

CHARLOTTE THORNE

NUOREMMAT OPISKELIJAT
KAIKKI
KOIRAT
CHARLOTTE THORNE

Koiria kutsutaan usein ihmisen parhaaksi ystäväksi. Ne ovat uskomattomia eläimiä, jotka ovat asuneet ihmisten kanssa hyvin pitkään.

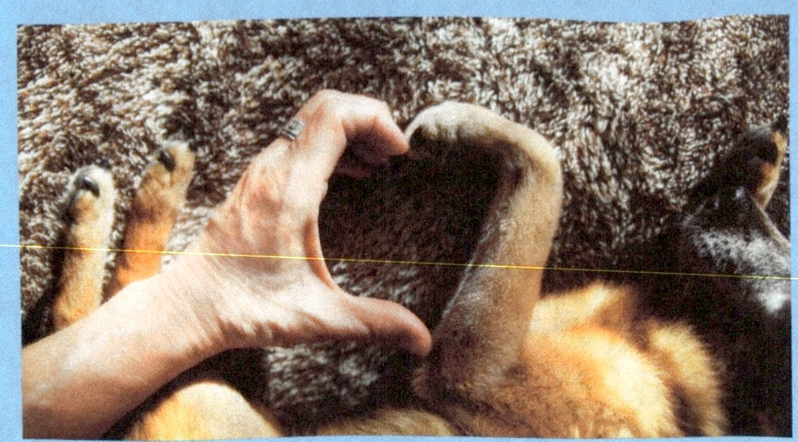

Koirien kesyttely ulottuu aina harmaaseen suteen asti. Kesyttäminen tarkoittaa sitä, että ihmiset kesyttävät eläimen asumaan kanssamme.

Selektiivisen jalostuksen ansiosta ihmiset ovat luoneet koirille kaikenlaisia työpaikkoja!

Muinaisessa Egyptissä jumalalla
Anubis oli šakaalin pää, jonka eläin
sukusi koirille.

Kuuluisa luolamaalaus Euroopassa
kuvaa muinaisia ihmisiä
metsästämässä muinaisten koirien
kanssa.

Sodan aikana koirat palvelivat sotaeläiminä ja auttoivat sotilaita vaarallisissa töissä.

Koirat kuuluvat Canidae-heimoon. Canidae-perheeseen kuuluu myös susia, kettuja ja muita villikoiria.

Koirat voivat haistaa monia asioita, koska niillä on 300 miljoonaa reseptoria.

Heidän kuulonsa on uskomaton. He kuulevat korkeataajuisia ääniä, joita me ei.

Maailmalla on monia kuuluisia koiria.

Lassie the Rough Collie on ikoni kirjoissa, elokuvissa ja televisiossa. Hänet tunnetaan pelastustehtävistään.

Balto the Husky johti rekikoiraryhmää Alaskassa vuonna 1925. He toimittivat tärkeän lääkkeen sairaille ihmisille.

Rin Tin Tin saksanpaimenkoira oli yksi tunnetuimmista koiranäyttelijöistä, ja häntä pidetään maailman ensimmäisenä koiraelokuvatähdenä.

Katsotaanpa eri koirarotuja.

Labradorinnoutaj
at ovat
ystävällisiä koiria.
He rakastavat
vettä.

Saksanpaimenkoi
rat ovat älykkäitä
ja vahvoja. Ne
ovat työkoiria ja
heillä on
suojaavia
ominaisuuksia.

Kultaisetnoutajat ovat leikkisä, suosittu rotu. Ne ovat kauniita ja täynnä persoonallisuutta.

Bulldogit ovat ryppyisiä ja niillä on jäykkä vartalo. He ovat rakastavia pentuja.

Beaglet ovat uteliaita koiria ja niitä käytetään metsästyksessä. Heillä on levyiset korvat.

Villakoira on yksi älykkäimmistä koiraroduista, ja tunnetaan hienoina koirina.

Rottweilerit ovat voimakkaita koiria. He ovat ihania vauvoja.

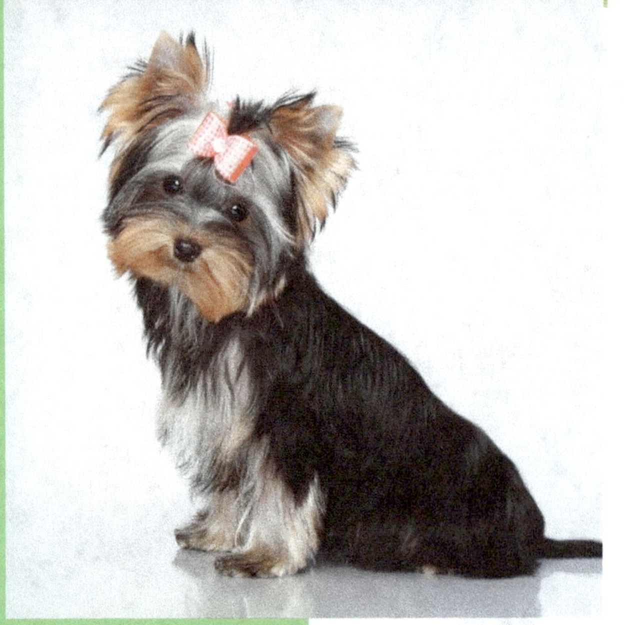

Yorkshirenterrierit ovat pieniä energianippuja. Heillä on pitkät takit ja he rakastavat matkustamista käsilaukuissa.

Bokserit ovat leikkisä pentua. Heillä on neliömäinen pää ja he rakastavat aktiivisuutta.

Mäyräkoirat ovat pitkiä "hot dog" - koiria, mikä tekee niistä ainutlaatuisia. Heillä on suuri henki pieneen ruumiiseen!

Siperianhuskyt vetää rekiä ja ovat erittäin äänekkäitä, ystävällisiä koiria. Heillä on myös kirkkaan siniset silmät.

Dobermanpinserit ovat tyylikkäitä, vahvoja koiria. He ovat suojelevia suojelijoita.

Shih tzut ovat pieniä sylikoiria. Ne ovat erittäin ystävällisiä lemmikkejä.

Tanskan dogit ovat erittäin pitkiä koiria. Ne voivat olla erittäin makeita.

Bordercolliet ovat ketteriä ja älykkäitä. Heillä on paljon energiaa.

Shetlanninlamm askoirat ovat kuulevia koiria. Ne tunnetaan paksusta turkistaan.

Chihuahuat ovat pieniä, mutta niillä on suuri sydän. He ovat söpöjä, kun niitä kunnioitetaan.

Pembroke Welsh Corgit ovat pieniä, mutta niillä on suuret korvat. Yllättäen he ovat kuulevia koiria.

Bernardit tunnetaan pelastustöistään. He ovat lempeitä jättiläisiä.

Australianpaime nkoira on älykäs ja ketterä lemmikki. Ne toimivat paimenkoirina.

Mopsit ovat pieniä, ryppyisiä söpöläisiä. Heillä on erittäin leikkisä mutta itsepäinen luonne.

Alaskanmalamuutit ovat rekikoiria ja voivat selviytyä kylmässä ilmastossa.

Australianterrierit ovat pieniä, ja niillä on karkea turkki. He tekevät mahtavia lemmikkejä.

Basenjilla on jodelimaisia keltuja. Ne ovat erittäin älykkäitä ja itsenäisiä koiria.

Bichon Frisés näyttävät pilviltä. Heillä on iloisia persoonallisuuksia.

Verikoirilla on roikkuvat korvat ja hyvä hajuaisti. Niitä käytetään myös pelastustöissä.

Bostoninterriereillä on smokkitakki. He ovat ystävällisiä pentuja.

Cavalier King Charles -spanieleilla on parhaat persoonallisuudet sekä kauniit turkit.

Cockerspanielei
lla on pitkät
silkkiset korvat
ja niissä on
luokan
tunnelmaa.

Englanninmastiff
it ovat
jättimäisiä
koiria! He ovat
rauhallisia ja
söpöjä.

Akitat ovat jaloja lemmikkejä. Ne tunnetaan paksusta turkistaan.

Maltalaiset ovat valmiita pieniä valkoisia koiria, ja he rakastavat huomiota.

Burmanpaimenk
oirat ovat erittäin
suuria, mutta
erittäin lempeitä.

Pomeraniat ovat
pörröisiä pieniä
koiria. Heillä on
rohkeita
persoonallisuuk
sia.

Rhodesian ridgebackillä on "karvaharju" selässään. Niitä käytetään metsästykseen.

Irlanninsetterit ovat tyylikkäitä, eloisia koiria. He ovat ulospäin suuntautuvia kaunokaisia.

Papillonin korvat näyttävät perhosilta. He ovat ystävällisiä söpöläisiä.

Whippetit ovat erittäin nopeita ja erittäin ketteriä sekä lempeitä ihmisilleen.

Sharpeit ovat hyvin ryppyisiä. Ne ovat uskollisia ja suojelevia koiria.

Dalmatialaiset ovat energisiä koiria ja ovat palohuoneiden virallinen symboli.

Koirat auttavat ihmisiä joka päivä.

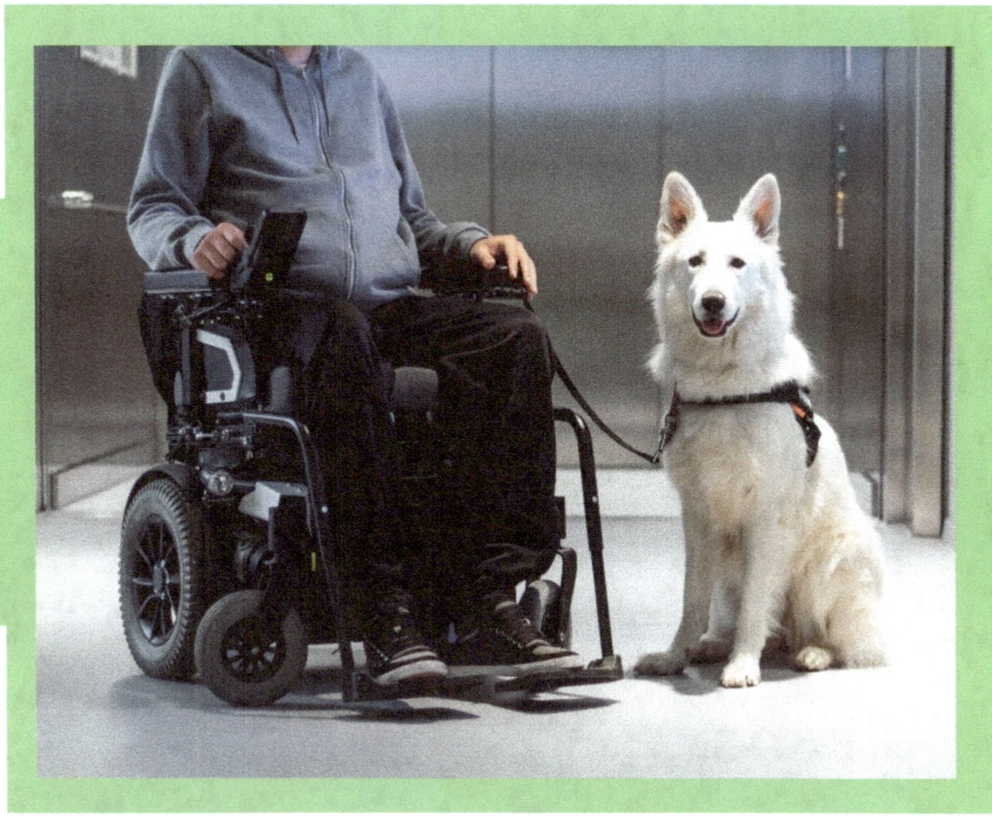

Monet koirat toimivat
palveluseläiminä auttaen vammaisia.

Etsintä- ja
pelastuskoirat
etsivät kadonneita
ihmisiä
katastrofien
aikana.

Koirat työskentelevät rinta rinnan poliisin kanssa. Pennut, jotka eivät läpäise koulutusta, menevät rakastavaan perheeseen.

Terapiakoirat tarjoavat henkistä tukea ihmisille sairaaloissa ja yleisessä turvassa.

Koirat ovat tärkeä osa jokapäiväistä elämäämme. On tärkeää huolehtia koirista. He eivät ole vain ahkeria työntekijöitä, vaan tärkeitä perheemme jäseniä!